वो चले गए

एक पिता की परछाईं में बीते शब्दों की गूंज

Dr. Hemant Joshi

BookLeaf Publishing
India | USA | UK

Made with ❤ on the BookLeaf Publishing Platform
www.bookleafpub.in
www.bookleafpub.com

Dedication

समर्पित

मेरे आदर्श, मेरे पथप्रदर्शक , पूज्य पिताजी
स्वर्गीय श्री धारादत्त जोशी
(पूर्व शिक्षक, कला प्रेमी, और सादगी व सिद्धांत के प्रतीक)
जिनकी डांट में दिशा थी, और जिनके मौन में ममता।
आपके जीवन के अनुशासन, मूल्य और प्रेम मेरे हर शब्द में गूंजते हैं।
यह संग्रह आपकी स्मृति को नमन करता है–

एक पुत्र की श्रद्धांजलि, एक शिष्य की विनम्र भेंट।

Preface

पिता... यह शब्द जितना छोटा है, उसका अर्थ उतना ही विशाल।

पिता वह हैं, जिनकी छाया में हम निर्भीक होकर सपने देखते हैं और जिनके त्याग से हमारे जीवन की नींव मजबूत होती है।

मेरे पिता, **स्वर्गीय श्री धारादत्त जोशी (पूर्व अध्यापक)**, केवल मेरे जनक ही नहीं, बल्कि मेरे पहले गुरु, मेरे मार्गदर्शक और मेरे आदर्श रहे। उनके सान्निध्य में मैंने न केवल शिक्षा पाई, बल्कि जीवन के वे मूल्य भी सीखे, जो किताबों में नहीं मिलते। उनका सादगीपूर्ण जीवन, कर्तव्यनिष्ठा और समाज के प्रति सेवा-भाव, मेरे लिए प्रेरणा के अनंत स्रोत हैं।

इस कविता-संग्रह *"वो चले गए"* में मैंने अपनी भावनाओं को शब्द देने का प्रयास किया है—कभी आँसुओं में डूबी पंक्तियों के रूप में, तो कभी स्मृतियों की मधुर महक में लिपटे हुए भावों के रूप में। यह पुस्तक केवल मेरे पिता की स्मृति को संजोने का प्रयास नहीं, बल्कि हर उस बेटे-बेटी के हृदय की आवाज़ है, जिसने अपने जीवन में पिता का अमूल्य साथ पाया और शायद खो भी दिया।

इन पंक्तियों को लिखते समय मैंने फिर से अपने बचपन, अपने गाँव, और अपने पिता के स्नेहिल हाथों का स्पर्श महसूस किया। यदि इन शब्दों में आपको भी अपने जीवन की झलक मिले, तो समझूँगा कि यह प्रयास सार्थक हुआ।
– **डॉ. हेमंत जोशी**

Acknowledgements

"वो चले गए" मेरी भावनाओं, स्मृतियों और शब्दों का संगम है—एक ऐसी यात्रा, जो मेरे हृदय से निकली और इस पुस्तक के पन्नों में सजीव हुई।
सबसे पहले, मैं अपनी प्रेरणा, अपने आदर्श,मेरे पूज्य पिताजी, **स्वर्गीय श्री धारादत्त जोशी (पूर्व अध्यापक)** को नमन करता हूँ। यह पुस्तक उनके जीवन, उनके संस्कारों और उनके अमिट स्नेह को समर्पित है।

मैं हृदय से आभारी हूँ अपने परिवार का—जिन्होंने इस कठिन भावनात्मक यात्रा में मुझे संभाला, समझा और मेरे साथ खड़े रहे। उनके प्रेम और सहयोग के बिना यह पुस्तक संभव नहीं थी।

अपने मित्रों और शुभचिंतकों का भी आभार व्यक्त करता हूँ, जिन्होंने न केवल मेरा हौसला बढ़ाया, बल्कि समय-समय पर अपने सुझाव और प्रोत्साहन से इस संकलन को और संवेदनशील बनाया।

विशेष धन्यवाद उन सभी पाठकों का, जिनके हृदय में पिता के प्रति प्रेम और आदर की वही लौ जल रही है, जिसे मैंने इन पंक्तियों में सहेजने का प्रयास किया है।

आपका स्नेह और भावनात्मक जुड़ाव ही मेरी सबसे बड़ी उपलब्धि है।
— **डॉ. हेमंत जोशी**

1. वो चले गए

वो चले गए,
पर दरवाज़ा अब भी वैसा ही बंद होता है
जैसे उन्हें खुलने की आदत हो।

कमरे की दीवारें अब भी उनकी परछाईं ओढ़े हुए हैं,
कुर्सी वैसी ही रखी है –
थोड़ी-सी खामोशी में डूबी हुई।

घड़ी चलती रही,
पर समय वहीं ठहर गया
जहाँ उनका हाथ आखिरी बार थमा था।

चाय अब भी बनती है हर सुबह,
पर उसमें अब वो सुगंध नहीं
जो उनके साथ उठती थी।

अब सब कुछ है –
पर कुछ भी नहीं है।

सबसे पहले
छत का आसमान बदला –
वो जो नीला था,
अब धुँधला-सा लगता है,
जैसे कोई उदासी हर रंग में घुल गई हो।

अब वहाँ पक्षी तो उड़ते हैं,
पर वो नज़रों में नहीं उतरते।
बादल आते हैं,
पर बारिश भीतर नहीं जाती।

पिता का जाना
कोई घटना नहीं था –
वो एक लंबा सन्नाटा था
जो धीरे-धीरे फैल गया जीवन में।

अब जब कोई “पापा” कहता है,
तो आवाज़ भीतर से गूंजती है –
जैसे किसी पुराने गलियारे में
चरणों की आहट छूटी हो।

मैं रोज़ कुछ कहना चाहता हूँ,
पर शब्द जैसे मुँह मोड़ लेते हैं।
हर बात अधूरी लगती है
जैसे वो ही अंतिम कड़ी थे सब अर्थों की।

उनके जाने से
केवल एक जगह खाली नहीं हुई –
एक पूरा ब्रह्मांड चला गया।

अब जो भी आसमान देखता हूँ,
वो केवल ऊँचाई नहीं लगती,

वो उनकी आँखों की गहराई लगती है।

और मैं –
हर रोज़ उस गहराई में
खुद को टटोलता हूँ,
शायद कहीं
वो अब भी मुझे देख रहे हों।

2. छाया जो कभी न जाए

वो चले गए –
पर उनकी छाया अब भी यहीं है।
दरवाज़े के पास, उस नीम की छाँव में
जहाँ वो अक्सर बैठे मिलते थे –
थोड़ी धूप से उलझते,
थोड़ी ख़ामोशी को सुलझाते।

अब धूप तो आती है,
पर वो छाया नहीं जाती।
वो अब भी फैल जाती है
बरामदे के कोने में,
जहाँ एक पुरानी चौकी पड़ी है –
बिन आवाज़, बिन हलचल।

उनके जाने के बाद
कई चीज़ें गईं –
हँसी का वज़न,
डाँट की मिठास,
और वो उंगलियाँ
जो हर मुश्किल को आसान बना देती थीं।

पर उनकी छाया...
वो कहीं नहीं गई।

वो किताबों के पन्नों में है,
जहाँ उन्होंने आखिरी बार कुछ पढ़ा था।
वो अलमारी के हैंगर पर लटके
उस कुर्ते की सलवटों में है,
जो अब भी इंतज़ार करता है
कि कोई आवाज़ उसे पुकारे।

हर शाम जब हवा चलती है,
तो वो छाया
घर की दीवारों से सरकती है,
जैसे कह रही हो –
"मैं यहीं हूँ,
जैसे वो होते थे,
बस थोड़ी ख़ामोश हूँ,
थोड़ी धुंधली।"

उनकी छाया
अब मेरी आदत बन गई है –
जिसे मैं थाम नहीं सकता,
पर छोड़ भी नहीं सकता।

वो जब चले गए,
तो शरीर गया, आवाज़ गई,
पर उनकी छाया...
वो मेरी साँसों में रह गई।

कभी-कभी

मैं उन्हें देखने के लिए आँखें बंद करता हूँ,
पर सबसे पहले
छाया ही आती है।

और मैं समझ जाता हूँ –
कुछ रिश्ते चले नहीं जाते,
वो बस
छाया बन जाते हैं –
ऐसी छाया
जो कभी न जाए।

3. उनकी चप्पलें अब भी वहीं हैं

घर के कोने में
वो पुरानी चप्पलें अब भी रखी हैं –
जैसे कोई अभी दरवाज़ा खोलेगा
और कहेगा,
"थोड़ी देर बाहर बैठा था,
अब अंदर आ जाऊँ?"

चप्पलें घिस चुकी हैं,
किनारे उधड़ गए हैं,
लेकिन उनमें एक आदत बची है –
घर लौट आने की।

हर सुबह जब दरवाज़ा खोलता हूँ,
सबसे पहले नज़र वहीं जाती है –
उन चप्पलों पर
जो अब सिर्फ़ पैरों की नहीं,
एक पूरी मौजूदगी की छाप हैं।

वो चप्पलें
अब नहीं चलतीं,
पर उनके इर्द-गिर्द
अब भी कुछ चलता है –
यादें, सिसकियाँ,
और वो आवाज़

जो अक्सर सीढ़ियाँ चढ़ते हुए सुनाई देती थी।

जब-जब घर में कुछ बिखरता है,
मैं उन्हें देखता हूँ
और लगता है –
वो अब भी यहीं हैं,
बस आवाज़ देना भूल गए हैं।

माँ कभी-कभी उन्हें हटा देना चाहती है,
पर हर बार
उनका हाथ ठिठक जाता है।
जैसे वो खुद से कहती हों,
"अभी नहीं...
शायद वो फिर लौट आएँ।"

उन चप्पलों में अब
न कोई चाल है,
न गर्मी,
पर उनमें एक ठंडी परछाईं है –
जिसे मैं रोज़ अपनी पलकों पर महसूस करता हूँ।

पिता चले गए,
पर चप्पलें रह गईं।
जैसे कोई दरवाज़ा
अब भी खुला है उनके लिए।

और शायद

यही प्यार होता है –
कुछ चीज़ों को बस
वहीं रहने देना,
जैसे वो कभी गए ही नहीं।

4. आवाज़ें जो लौटकर नहीं आतीं

कुछ आवाज़ें होती हैं
जो हमारे भीतर बस जाती हैं –
जैसे सुबह की पहली पुकार,
"उठ जा बेटा, देर हो रही है।"
या दरवाज़ा खोलते हुए
एक हल्की सी खाँसी
जिससे हम जान जाते थे –
वो आ गए हैं।

अब घर में
सब कुछ वैसा ही है।
घंटी भी बजती है,
दरवाज़े भी खुलते हैं,
पर वो आवाज़ें
कहीं नहीं लौटतीं।

फोन की घंटी कभी बजती है
तो लगता है –
शायद फिर वही आवाज़
कह दे – "कैसा है बेटा?"
पर फिर कोई और होता है
और वो चुप्पी और गहरी हो जाती है।

उनके जाने के बाद

शब्दों की जगह नहीं रही –
हर बात, हर याद
अब बस कानों में गूंजती है
एक अनकहे सन्नाटे की तरह।

मैंने कई बार
अपना नाम उसी तरह पुकारा
जैसे वो बुलाते थे,
पर उस लहजे को
कभी दोहरा नहीं पाया।

कई आवाज़ें
किताबों में बंद हो जाती हैं,
कई रेकॉर्डिंग में सहेजी जा सकती हैं –
पर पिता की आवाज़...
वो बस दिल में रहती है,
और जब चाहो
सुनाई नहीं देती।

अब समझ आता है –
कभी-कभी सबसे भारी दुख
किसी शोर के साथ नहीं आता।
वो तो
उन आवाज़ों के न लौटने में छिपा होता है,
जो कभी जीवन लगती थीं।

अब जब कोई “बेटा” कहता है,

तो मैं चौंक जाता हूँ –
क्योंकि वो एकमात्र आवाज़
जिससे यह शब्द सच लगता था,
अब कभी लौटकर नहीं आएगी।

5. जो रह गया अनकहा

कुछ बातें
कहने के लिए नहीं होतीं,
बस आँखों में भर जाती हैं –
जैसे बरसात से पहले
हवा में तैरती नमी।

पिता से
कई बार कुछ कहना चाहा,
पर हर बार
या तो वक्त नहीं मिला,
या हिम्मत।

कितनी बार जी में आया
कि कह दूँ –
"आप सबसे अलग हैं,
आपकी छाया में जीना
सबसे बड़ा सौभाग्य है।"

पर कह नहीं पाया।

एक दिन वो चले गए –
जैसे कोई पत्ता हवा में गिर जाए
बिना आवाज़ के।

अब जब सोचता हूँ,
तो लगता है
सबसे बड़ा दुःख यह नहीं
कि वो चले गए –
बल्कि यह है
कि जो कहना था,
वो कभी कहा ही नहीं।

वो “धन्यवाद”
जो कभी उनके हाथ थामते समय
गले में अटक गया,
वो “मुझे डर लगता है”
जो उनकी आँखों में कह देना चाहता था,
वो सब...
अब सिर्फ़ याद हैं –
अनकही, अधूरी,
भीतर जमी हुई।

अब शब्द मिलते हैं,
पर सुनने वाला चला गया है।

अब हर प्रार्थना में
वो बात दोहराता हूँ
जो रह गई थी उस दिन –
“पापा, आपने जो कुछ भी दिया,
वो शब्दों से नहीं चुका सकता।
मैं बस चाहता था

कि एक बार कह सकूँ –
आप मेरे सबसे बड़े साथी थे।”

पर ये बात
अब चुपचाप
आकाश को सुनाता हूँ,
या अपने ही दिल को –
उस जगह पर
जहाँ एक आवाज़ अब भी लौटने का रास्ता ढूँढ़ रही है।

6. एक कुर्ता अलमारी में रखा है

एक कुर्ता,
साफ़-सुथरा,
हल्का-सा मोड़ा हुआ,
अब भी अलमारी में रखा है।

वो पहना नहीं गया
बहुत दिनों से,
पर उसमें अब भी
पिता की महक बसी है –
हल्की सी कपूर की,
थोड़ी धूप की,
और बहुत सारी ज़िम्मेदारी की।

हर बार अलमारी खोलते हुए
मैं उसे देखता हूँ –
जैसे कोई दरवाज़ा खुलता हो
एक बीते समय की ओर।

कुर्ता अब नहीं हिलता,
कोई उसे पहनकर
दरवाज़े से बाहर नहीं निकलता,
पर उसमें एक चाल है –
धीमी, सधी हुई,
जैसे जीवन का रास्ता तय करता कोई सच्चा आदमी।

कभी सोचता हूँ
उसे पहन लूँ –
शायद कुछ बोझ हल्का लगे।
पर फिर डरता हूँ –
क्या मैं उस कुर्ते की गरिमा निभा पाऊँगा?

वो कुर्ता
अब कपड़ा नहीं है –
वो एक उत्तराधिकार है,
एक मौन संवाद,
जिसमें पिता की ख़ामोशी,
उनकी थकान,
और उनका प्रेम सब कुछ टँका हुआ है।

मैं जानता हूँ,
एक दिन
वो कुर्ता भी उतर जाएगा अलमारी से,
शायद किसी और के शरीर पर चढ़ेगा –
लेकिन उसमें से
पिता कभी नहीं उतरेंगे।

क्योंकि कुछ चीज़ें
कभी पुरानी नहीं होतीं –
वो बस
स्मृति की तहों में
नए मायनों से भरती जाती हैं।

और हर बार
जब मैं उस कुर्ते को देखता हूँ,
तो लगता है –
वो अलमारी में नहीं रखा,
मेरे दिल के सबसे सुरक्षित कोने में टँगा है।

7. पिता की आँखों में एक पूरी दुनिया थी

पिता की आँखें
ज़्यादा बोलती नहीं थीं,
पर जब भी उन आँखों में देखता,
एक पूरी दुनिया दिखती थी।

वहाँ खेत थे –
धूप में झुके हुए कंधे,
हल और बैलों के साथ
संघर्ष में भी मुस्कुराता हुआ एक चेहरा।

वहाँ पहाड़ थे –
मजबूत, अडिग,
जिन्होंने आँधियाँ सही थीं
पर झुके नहीं थे।

उन आँखों में
हमारा बचपन खेलता था,
हमारी गलतियाँ माफ होती थीं,
और भविष्य की चिंता
चुपचाप बसी रहती थी।

कभी-कभी
उनमें आँसू भी तैरते थे –

पर वो बाहर नहीं आते थे।
जैसे समुंदर में भरी लहरें
किनारों से टकराए बिना लौट जाती हैं।

पिता की आँखें
पूछे बिना समझती थीं,
डाँटे बिना सुधारती थीं,
और थामे बिना थाम लेती थीं।

अब वो आँखें
बंद हो गई हैं –
और यूँ लगता है
जैसे कोई दरवाज़ा बंद हो गया हो
जिसके पार जीवन का सबसे सच्चा दृश्य था।

अब जब आईना देखता हूँ,
कभी-कभी
उनकी झलक अपनी ही आँखों में पाता हूँ –
जैसे उन्होंने अपने भीतर की दुनिया
मुझे सौंप दी हो।

और मैं डरता हूँ –
कि क्या मैं वो दुनिया संभाल पाऊँगा?

पर जब भी हिम्मत कम होती है,
मैं आँखें बंद करता हूँ
और याद करता हूँ उनकी निगाहें।

वो अब नहीं हैं,
पर उनकी दृष्टि
अब भी मुझे रास्ता दिखाती है।

क्योंकि पिता की आँखें
बस देखने की नहीं थीं –
वो एक विश्वास थीं,
एक दुनिया,
जिसमें रहकर हमने
जीना सीखा।

8. जिन्होंने कभी खुद को नहीं कहा

उन्होंने कभी
अपने लिए कुछ नहीं माँगा –
न नई कमीज़,
न आराम का पल,
न एक दिन की छुट्टी।

हर बार
जब कुछ मिला,
तो सबसे पहले
हमारा हिस्सा अलग किया।

रोटियों में
आखिरी टुकड़ा उनका होता था –
जो अक्सर किसी बहाने
हमें ही दे दिया जाता।

जब गर्मी की दोपहर में
हम पंखे के नीचे सोते थे,
वो आँगन में बैठकर
कुल्हाड़ी की मूठ ठीक कर रहे होते।

जब हम थककर कहते –
“अब और नहीं पढ़ना”,

तो वो मुस्कराकर सिर सहलाते
जैसे कह रहे हों,
“मैं तो बिना पढ़े भी सब सीख गया,
पर तुझमें सब कुछ होना चाहिए बेटा।”

उन्होंने कभी
“मैं थक गया हूँ” नहीं कहा।
“मुझे भी डर लगता है”
या
“मुझे भी रोना आता है”
नहीं कहा।

उन्होंने बस
हमें देखा,
हमें सींचा,
और हर दिन थोड़ा-थोड़ा
अपने हिस्से का जीवन
हमें सौंपते गए।

अब जब वो नहीं हैं,
तो उनकी ख़ामोशी गूंजती है –
हर कोने में, हर वस्तु में,
हर सीख में।

मैं सोचता हूँ –
कैसे कोई
इतना कुछ दे सकता है

बिना एक बार
"मैं" कहे?

अब जब मैं खुद
किसी जिम्मेदारी के नीचे झुकता हूँ,
तो उनकी याद आती है –
उन झुके कंधों की,
जिन्होंने कभी शिकायत नहीं की।

और मैं समझता हूँ –
त्याग शब्दों में नहीं होता,
वो तो
उन आँखों में बसता है
जिन्होंने हमेशा
हमें देखा,
पर कभी खुद को नहीं।

9. चलते रहना पिता से सीखा

रुकना
उनकी आदत में नहीं था।

सुबह की पहली रोशनी के साथ
वो उठते थे –
जैसे सूरज उनसे पूछकर उगता हो।

ना थकान का बहाना,
ना मौसम की शिकायत,
हर दिन
वैसा ही जैसे कल था –
और जैसे आने वाला कल भी होगा।

उनके पास घड़ी नहीं थी,
पर समय की समझ
घड़ी से बेहतर थी।

पाँवों में चप्पलें घिस गई थीं,
पर चलना नहीं छोड़ा उन्होंने –
घर के भीतर,
खेतों के बीच,
हमारे सपनों के रास्तों तक।

जब हम गिरते थे,

तो वो नहीं कहते,
“देखा, संभलकर चलो”,
वो बस हाथ बढ़ाते और कहते –
“चलो, फिर से...”

उन्हें देख-देखकर
समझ आया
कि चलते रहना
बस पाँव बढ़ाने का नाम नहीं,
वो एक विश्वास है –
कि हर कठिनाई के पार
एक रास्ता ज़रूर होगा।

अब जब जीवन की राहों में
थकावट मिलती है,
या मंज़िलें धुँधली पड़ जाती हैं,
तो उनकी वो पीठ याद आती है –
जो कभी सीधी नहीं थी,
पर कभी झुकी भी नहीं।

अब भी जब
बिना वजह अकेलापन घेरता है,
तो लगता है –
उनके पदचिन्ह अब भी कहीं पास हैं।

और तब मैं
अपने भीतर से आवाज़ सुनता हूँ –

“रुक मत...
चलते रहो...
क्योंकि रुकना
हमारे खून में नहीं है।”

चलते रहना
बस एक आदत नहीं,
पिता की सबसे गहरी सीख है –
जो हर कठिन मोड़ पर
हमारे साथ चलती है।

10. सिर्फ़ एक आवाज़ रह गई है – 'बेटा...'

अब कुछ नहीं रहा,
सिवाय एक आवाज़ के –
धीमी, थकी हुई,
पर सबसे अपनी...

"बेटा..."

वो पुकार
जो हर दर्द में मरहम थी,
हर गलती में क्षमा थी,
और हर डर में ढाल।

अब वो नहीं बोलते,
पर वो आवाज़
अब भी कानों में गूंजती है –
कभी नींद के किनारे,
कभी छत पर तारे देखते हुए,
कभी अकेले चलते वक़्त
किसी मोड़ पर चुपचाप।

कभी वो आवाज़
सीढ़ियाँ चढ़ते हुए सुनाई देती है –
"बेटा, धीरे चलो..."

तो कभी थाली में परोसते वक्त –
“खाना पूरा खा लेना...”

अब घर में
सारे शब्द हैं,
सारी चीज़ें हैं,
बस वो एक “बेटा...”
अब नहीं है।

और वही नहीं होना
सबसे भारी हो गया है।

उनकी आवाज़
कभी ऊँची नहीं होती थी,
पर सबसे गहरी थी।
उसमें हुक्म नहीं था –
बस उम्मीद थी,
सहारा था,
और अटूट अपनापन।

अब जब कोई और
“बेटा” कहता है,
तो अच्छा लगता है,
पर कहीं भीतर
वो असली आवाज़ को ढूँढता हूँ
जो अब नहीं लौटेगी।

कभी-कभी
चुपचाप आँखें बंद करता हूँ
और बस वही सुनना चाहता हूँ –
"बेटा..."
जैसे समय ठहर जाए,
और मैं फिर से
उनके कंधों के पास पहुँच जाऊँ।

पर अब
केवल वो आवाज़ है –
स्मृति में,
साँसों में,
और हर उस क्षण में
जब दिल भर आता है।

क्योंकि पिता चले गए,
पर "बेटा..." कहना
कभी नहीं गया।

11. मुझे आज भी उनका इंतज़ार होता है

वो जो चले गए,
वो सचमुच चले गए क्या?

क्योंकि
मुझे आज भी उनका इंतज़ार होता है।

सुबह दरवाज़ा खोलते वक़्त,
अंदर आते किसी ख़ामोश पदचाप की आस लगती है –
जैसे अभी कोई कहेगा –
"चाय बनी क्या, बेटा?"

दोपहर में जब धूप
कमरे की दीवारों पर टिकती है,
तो लगता है –
वो अभी भी वहाँ बैठे होंगे
कंधे पर गमछा डाले,
खिड़की से बाहर देखते हुए।

शाम को
जब हवा हल्की ठंडी हो जाती है,
तो मैं अनायास ही
उनकी पुरानी जैकेट ढूँढता हूँ –
जो हमेशा मुझे ओढ़ा दिया करते थे

बिना कुछ कहे।

हर रोज़
घर का एक कोना
जैसे उनसे बात करता है –
कभी किताबें,
कभी वो पुराना रेडियो,
तो कभी उनकी चप्पलें,
जो अब भी उसी जगह रखी हैं।

कभी-कभी
फोन की घंटी बजती है,
और मैं सोचता हूँ –
कहीं पापा तो नहीं?

फिर याद आता है –
अब वो कहीं फोन नहीं करेंगे,
अब वो लौटकर नहीं आएँगे।
फिर भी...

मुझे आज भी
उनका इंतज़ार होता है –
हर उस क्षण में
जब जीवन थोड़ा भारी हो जाता है,
जब कोई फ़ैसला लेना हो,
या जब अचानक
भीतर से कोई टूट जाए।

उनकी आँखों में
जो भरोसा था,
वो अब भी मेरी रीढ़ में चलता है।

उनका कहा
“तू कर लेगा बेटा...”
अब भी सबसे बड़ा सहारा बन जाता है
जब दुनिया की आवाज़ें
कमज़ोर कहती हैं।

पता नहीं
वो अब कहाँ हैं,
पर मेरी हर साँस में
हर राह में
हर खामोशी में
वो अब भी हैं।

और शायद इसलिए...
मुझे आज भी
उनका इंतज़ार होता है।

12. पिता होना क्या होता है,

पिता होना क्या होता है, अब समझ आता है

जब तक वो थे,
सब आसान लगता था।

पैसे अपने आप आते थे,
छत अपने आप सलामत थी,
और परेशानियाँ
कभी हमें छू भी नहीं पाती थीं।

अब जब वो नहीं हैं,
और हम
हर छोटी-बड़ी चीज़ का हिसाब रखने लगे हैं,
तब समझ आया –

पिता होना क्या होता है।

पिता होना
कभी 'मैं' नहीं होता,
हमेशा 'तुम' से शुरू होता है।

पिता होना
हर रात आधा पेट सोकर
बच्चे को भरपेट देखने जैसा होता है।

पिता होना
अपनी थकान को जेब में रखकर
बच्चे की हँसी के लिए खिलौना बन जाना होता है।

पिता होना
कभी तारीफ़ नहीं पाना,
पर हर मुश्किल में सबसे पहले खड़ा रहना होता है।

अब जब
हर महीने बजट बनाना पड़ता है,
किराए से लेकर दवाई तक की सोच करनी पड़ती है –
तो हर रेखा में
पापा की चिंता दिखती है।

अब जब
किसी की ज़िम्मेदारी सिर पर आती है,
तो समझ आता है –
कैसे वो हर बार
हमें पहले रखते थे, खुद को बाद में।

उनकी चुप्पियाँ अब बोलने लगी हैं,
उनकी चिट्ठियाँ अब समझ में आती हैं,
और उनकी झुकी हुई पीठ
अब हमारी रीढ़ बन गई है।

हम अक्सर सोचते थे –

“पापा कुछ कहते क्यों नहीं?”
अब लगता है –
वो हर वक़्त सब कुछ कह रहे थे...
बस शब्दों के बिना।

अब हम समझते हैं,
कि पिता होना
केवल एक रिश्ता नहीं है,
एक जीवन का तरीका है –
जो सिखाता है
कैसे खुद को भुलाकर
दूसरों को बेहतर बनाया जाए।

अब जब
आईने में खुद को देखते हैं –
तो थोड़ा-थोड़ा पापा दिखने लगे हैं।
और उसी में
उनकी मौजूदगी महसूस होती है।

क्योंकि अब...
पिता होना क्या होता है,
वो सच में समझ आने लगा है।

13. उनकी चुप्पी भी दुआ थी

वो बहुत कम बोलते थे,
हम समझते थे –
शायद नाराज़ रहते हैं,
या शायद व्यस्त।

पर अब जब
सारी आवाज़ें धीमी हो गई हैं,
तो उनकी चुप्पियाँ
सबसे ज़्यादा बोलने लगी हैं।

जब वो चुपचाप
रात को दरवाज़ा बंद करते थे,
तो उसमें डर से ज़्यादा
सुरक्षा होती थी।

जब वो बिना कुछ कहे
थाली में दो रोटी और रख देते थे,
तो उसमें स्वाद से ज़्यादा
ममता होती थी।

जब वो किसी उलझन पर
कुछ भी नहीं कहते थे,
तो उसमें नाराज़गी नहीं –
पूरा भरोसा होता था।

अब समझ आता है –

उनकी चुप्पी भी दुआ थी।

हर सुबह
जो अख़बार के पीछे छुपे रहते थे,
वो दरअसल
हमारी दुनिया से बाहर की चिंताओं
को अपने तक सीमित रखे होते थे।

जब भी हम ग़लती करते थे,
और माँ की डाँट के बाद
वो चुपचाप पास बैठते थे –
तो वो मौन
एक क्षमा था,
एक समर्थन।

अब जब
हम खुद पिता बनने लगे हैं,
तो समझ आया –
हर चुप्पी में
कितनी आवाज़ें छुपी होती हैं।

प्रार्थनाएँ
हमेशा हाथ जोड़कर नहीं होतीं,
कभी-कभी

बिना बोले भी माँगी जाती हैं –
पिता की तरह।

अब जब
हर मुश्किल में खुद को अकेला पाते हैं,
तो याद आता है –
एक समय था
जब हम बोलते नहीं थे,
पर वो सब सुनते थे।

क्योंकि उनकी चुप्पी
केवल चुप्पी नहीं थी –
वो एक परछाई थी,
जो धूप में भी ठंडी रहती थी।

अब समझ आता है –

उनकी चुप्पी भी दुआ थी।

14. जिसने कभी थकना नहीं सीखा

हर सुबह
हम उठते थे अलार्म की आवाज़ से,
और वो उठते थे
ज़िम्मेदारी की पुकार से।

हमारे लिए सुबह थी –
उनके लिए दिन का पहला युद्ध।

जैसे ही सूरज निकला,
वो चल पड़ते थे –
बिना रुके, बिना थके,
जैसे उन्हें थकना आता ही नहीं।

हम सोचते थे –
“कब आराम करते हो, पापा?”
पर उनके लिए
आराम का मतलब था
हमारा सुकून।

वो
कभी मशीन बन जाते थे,
कभी दीवार,
कभी पुल,

कभी छत –
पर कभी इंसान बनकर थके नहीं।

उनके हाथों में
माँ के सपनों की लकीरें थीं,
हमारे भविष्य की पकड़ थी,
और उनके पैरों में
हज़ारों रास्तों की धूल थी –
जो हमें मंज़िल तक पहुँचाने चली थी।

जिसने कभी थकना नहीं सीखा,
वो पापा थे।

उनकी साँसें
शायद थकती रही हों,
पर उन्होंने कभी
चेहरे पर शिकन नहीं आने दी।

हमारे छोटे-छोटे ख्वाबों के लिए
उन्होंने अपने बड़े-बड़े सपने
चुपचाप मोड़कर रख दिए।

आज जब
थोड़ा-सा काम करने के बाद
हम थक जाते हैं,
तो याद आता है –
वो कैसे दिन-रात एक कर देते थे

बिना उफ़ किए।

वो जो
दिनभर खेतों में, दफ्तर में,
या किसी मशीन के सामने खड़े रहते थे –
वो रात को भी
हमारी पढ़ाई, हमारी भूख,
हमारे सपनों के बारे में सोचते रहते थे।

अब समझ आता है –

थकान शरीर में होती है,
पर जो दिल से चलता है,
वो कभी थकता नहीं।

और पापा का दिल...
हम सबके लिए धड़कता था।

जिसने कभी थकना नहीं सीखा –
वो सिर्फ़ एक नाम नहीं,
पूरी एक मिसाल थे।

15. उन कदमों की आवाज़ आती है

वो चले गए कई साल हुए,
पर घर ने उन्हें
कभी जाने नहीं दिया।

अब भी जब
सुबह की चाय बनती है,
तो लगता है जैसे
सीढ़ियों पर कोई उतर रहा है –
धीरे-धीरे,
जैसे पापा।

जब दरवाज़ा हल्का-सा हिलता है,
तो मन ठहर जाता है –
“शायद वो आए हैं...”

जब कोई खाँसता है दूर कहीं,
या किसी के जूते की चप्प-चप्प
आँगन में सुनाई देती है,
तो दिल एक पल को भर आता है।

अब भी उनके कदमों की आवाज़ आती है।

वो जो चलना नहीं था केवल –

वो था
हमारी सुरक्षा का प्रमाण,
हमारे जीवन की लय,
हमारे भरोसे की आहट।

हर रोज़ शाम को
जब वो घर लौटते थे,
तो उनका आना
दिन के थम जाने जैसा होता था।

अब वो लौटते नहीं,
पर मन नहीं मानता।

कभी रात में नींद खुलती है,
तो लगता है
कोई कमरे की बत्ती बंद कर गया।

कभी कोई खिड़की धीरे से सरकती है,
तो लगता है
पापा अभी भी
हवा के साथ घर का हाल पूछने आते हैं।

मृत्यु केवल शरीर को ले जाती है,
आदतें नहीं,
आवाज़ें नहीं।

अब भी लगता है

कि पापा यहीं कहीं हैं –
किसी पुरानी कुर्सी के कोने में,
किसी पुरानी किताब की महक में,
या फिर
इस दिल की धड़कनों के ठीक बीच में।

अब भी
जब कोई 'बेटा' कहकर बुलाता है,
तो एक पुरानी सी आवाज़
मन में गूंज जाती है।

अब भी उनके कदमों की आवाज़ आती है –
धीमी, लेकिन पूरी।
दूर, पर बहुत पास।

16. जिसे कभी आराम नहीं मिला

वो जब थकते थे,
तो कुर्सी पर नहीं बैठते थे –
खड़े-खड़े ही साँस लेते थे,
जैसे वक़्त की रफ्तार थम न जाए।

जब घर सोता था,
वो तब भी जागते थे –
कभी बिलों की चिंता में,
तो कभी बच्चों की फीस गिनते हुए।

उन्हें सोना भी आता था,
पर नींद उन्हें नहीं आती थी।

उनकी आँखों के नीचे
थकान की रेखाएँ नहीं थीं –
बल्कि हमारे भविष्य के नक्शे थे।

वो आराम कर सकते थे,
अगर वो कभी खुद के लिए जिए होते।

पर उन्होंने
हर दिन हमें जीने दिया –
अपनी साँसें, अपने सपने,
अपना हर हक़ हमारे नाम लिखा।

कभी एक पुराना स्वेटर पहनते थे,
तो कहते थे –
“चलता है, गर्म तो है।”
पर हम जानते थे –
वो हमारी ज़रूरतों को
अपनी इच्छाओं से पहले रखते थे।

जिसे कभी आराम नहीं मिला,
वो पिता थे।

वो रोज़ निकलते थे –
न धूप देखते,
न बारिश टालते,
न बुखार को बहाना बनाते।

कभी पैरों में दर्द भी होता था,
पर वो बस
जूते कसकर बाँधते थे
और फिर चल पड़ते थे –
जैसे कोई लड़ाई हो जीतनी।

अब जब
थोड़ा समय मिलता है
और हम अपने लिए कुछ करते हैं,
तो दिल में एक सवाल उठता है –
क्या उन्हें कभी

खुद के लिए जीने का वक्त मिला?

शायद नहीं।
क्योंकि उन्होंने कभी माँगा ही नहीं।

अब सोचता हूँ –
काश मैं कह पाता उनसे,
"थोड़ा रुक जाइए पापा,
अब आपकी बारी है आराम करने की।"

पर अब वो नहीं हैं।

और मुझे समझ आया है –

कुछ लोग
आराम के लिए नहीं,
हमें सँभालने के लिए
इस धरती पर आते हैं।

और वो
सबसे ख़ामोश,
सबसे मज़बूत,
सबसे थके हुए देवता होते हैं।

वो पिता होते हैं –
जिसे कभी आराम नहीं मिला।

17. अब वो कुर्सी ख़ाली है

अब वो कुर्सी ख़ाली है –
जिस पर बैठकर
वो चाय पीते थे,
अख़बार पढ़ते थे,
या चुपचाप खिड़की से बाहर देखते थे।

वो कुर्सी अब भी वहीं रखी है,
जैसे किसी के लौट आने का इंतज़ार कर रही हो।

वो कभी नहीं कहते थे ज़्यादा,
पर उनकी मौन उपस्थिति
पूरे घर की धुरी थी।

जब भी घर में कोई हलचल होती,
हम उसी कुर्सी की ओर देखते –
जैसे उनके चेहरे पर कोई संकेत मिलेगा।

अब... वहाँ कुछ नहीं है
सिवाय एक स्थिर ख़ालीपन के।

अब वो कुर्सी ख़ाली है,
पर यादें अभी भी वहीं बैठी हैं।

चाय की प्याली अब भी बनती है,

पर वो सिप करने वाला हाथ नहीं।

अख़बार अब भी आता है,
पर उसे पढ़कर
बिना कुछ कहे सब समझा देने वाली दृष्टि नहीं।

हम सब अब भी
हर शाम उस ओर नज़र घुमाते हैं –
जहाँ कभी जीवन थमता था
और हम चैन की साँस लेते थे।

अब वहाँ सिर्फ़
एक पुरानी कुर्सी है –
लकड़ी की, हल्की सी चरमराती हुई,
पर उतनी ही मज़बूत
जितनी उनकी परवरिश थी।

उस कुर्सी पर अब कोई नहीं बैठता,
शायद इसलिए कि
वो जगह अब किसी के क़ाबिल ही नहीं रही।

क्योंकि वो
सिर्फ़ एक कुर्सी नहीं थी –
वो उनका स्थान था।
घर के राजा का सिंहासन।
हमारे जीवन की दिशा देने वाला ध्रुवतारा।

अब वो कुर्सी ख़ाली है –
पर उसमें एक पूरी दुनिया बैठी है।

उनकी मुस्कान,
उनकी आँखों का सुकून,
और वो शब्द –
जो उन्होंने कभी कहे नहीं,
बस जिए।

18. वो बातें कम करते थे,

वो बातें कम करते थे,
पर हर खामोशी में
एक किताब की तरह खुल जाते थे।

उनकी आँखें
हमेशा दूर देखती थीं –
जैसे वो आज नहीं,
हमारा कल देख रहे हों।

कभी पुराने जूते नहीं बदलते थे,
पर हमारे लिए
हर साल नई किताबें लाते थे।

घर की छत टपकती रही,
पर हमारे सपनों पर
कभी एक बूंद नहीं गिरने दी।

वो बाज़ार में
अपने लिए कुछ नहीं देखते थे,
पर हमारे लिए
दाम से नहीं, ज़रूरत से चीज़ें चुनते थे।

उनकी जेब में
हमेशा कम पैसे होते थे,

पर दिल इतना बड़ा था
कि हमारी हर ख्वाहिश समा जाए।

हम अक्सर पूछते थे –
“पिता प्यार क्यों नहीं जताते?”
अब समझ आया,
हर दिन की मेहनत में
प्यार का हर रंग शामिल था।

वो गले नहीं लगते थे,
पर सर्दी में चुपचाप रजाई ठीक कर देते थे।
कभी "गुड लक" नहीं कहते थे,
पर मंदिर जाकर
हमारे नाम की घंटी बजा आते थे।

अब जब
हम पिता बनने की उम्र में आ गए हैं,
तो समझते हैं –
उनका प्यार
कभी शब्दों में नहीं था,
वो तो
हर सांस में था।

जिसने अपने सपनों की आग में
हमारे कल को पकाया,
जिसने अपने जीवन की मिट्टी से
हमारे भविष्य की ईंटें गढ़ी –

वो पिता,
सिर्फ़ एक रिश्ता नहीं,
एक तपस्या थे।

19. पिता की उंगलियाँ

पिता की उंगलियाँ
कभी पकड़ती थीं उंगली हमारा चलना सिखाने को,
और फिर धीरे-धीरे
चुपचाप छोड़ देती थीं –
हमें खुद पर भरोसा दिलाने को।

उनकी हथेली में
एक अनकहा विश्वास होता था,
कि चाहे कुछ भी हो –
पिता हमेशा पास होता था।

वो हमारे पीछे खड़े रहते थे,
पर कभी हमारे आगे नहीं आए,
क्योंकि उन्हें यक़ीन था –
हम खुद रास्ता बना लेंगे।

जब हम गिरते थे,
वो दौड़कर उठाते नहीं थे –
बल्कि वहीं खड़े रहते थे,
जहां से देख सकें
कि हम दोबारा उठे या नहीं।

उनकी डांट में
एक परवाह थी,

और खामोशी में
हज़ारों दुआएँ।

पिता वो दीवार थे
जो हर तूफ़ान से
घर को बचाकर रखते थे,
और खुद
बारिश में भीगते रहते थे।

जब हम बड़े हो रहे थे,
वो चुपचाप छोटे होते जा रहे थे –
पर उन्होंने कभी शिकायत नहीं की।

अब जब उनकी कमर झुक गई है,
तो याद आता है –
कि उसी कमर ने
सारा बोझ उठाया था
हमारे आज का।

**"पिता" – कोई रिश्ता नहीं,
एक छाया है –
जो धूप में साथ चलती है,
और अंधेरे में
आगे चलकर राह दिखाती है।

20. अब जब मैं पिता हूँ...

अब जब मैं पिता हूँ...
(तब जाकर समझ आया, पिता क्या होते हैं)

अब जब मैं पिता हूँ...
तो समझता हूँ
हर वो खामोश समझौता
जो तुमने किया, पापा।

अब जब मैं पिता हूँ...
तो नींद में भी
अचानक जाग जाना समझ में आता है –
क्योंकि अब कोई और
मेरे लिए दुनिया से भी ज़्यादा ज़रूरी है।

अब जब मैं पिता हूँ...
तो समझता हूँ
कि क्यों तुमने
अपने पुराने कपड़ों में भी
हमारे लिए नए ख्वाब खरीदे।

अब जब मैं पिता हूँ...
तो महसूस करता हूँ
कि सिर्फ कमाना ही मुश्किल नहीं था –
मुस्कराते हुए सब कुछ दे देना

उससे कहीं ज़्यादा कठिन था।

अब जब मैं पिता हूँ...
तो जानता हूँ
कि तुमने जो "ना" कहा था,
उसमें भी "हाँ" छुपी थी –
हमें सही राह दिखाने के लिए।

अब जब मैं पिता हूँ...
तो मैं हर दिन तुम्हारे क़दमों के निशान
अपने घर में ढूँढता हूँ –
क्या मैं भी कभी
इतना विशाल बन पाऊँगा?

अब जब मैं पिता हूँ...
तो तुम्हारी हर झुकी कमर
हर थके कदम
हर मौन दुआ की कीमत समझता हूँ।

अब जब मैं पिता हूँ...
तो समझता हूँ
कि पिता होना
सिर्फ़ एक जिम्मेदारी नहीं –
एक तपस्या है,
एक प्रेम है जो
कभी कहा नहीं जाता... बस निभाया जाता है।

अब समझ आया –
कि पिता बनना आसान नहीं,
पर एक पिता को समझना
उससे भी कठिन है।

21. "मैं वादा करता हूँ, पापा..."

"मैं वादा करता हूँ, पापा..."
(आपकी छाया को मैं अपनी पहचान बनाऊँगा)

अब जब
आप कहीं दूर हैं –
न तो आवाज़ देते हैं,
न दिखते हैं सुबह की धूप में,
फिर भी हर पल
आपके होने का एहसास है...

अब जब
मैं आपकी तस्वीर से बात करता हूँ,
तो लगता है –
आप मुस्करा रहे हैं,
जैसे कह रहे हों –
"अब तेरी बारी है..."

तो हाँ, पापा...
मैं वादा करता हूँ –
कि आपकी मेहनत
बेकार नहीं जाने दूँगा।

मैं उस ईमानदारी को
अपनी रीढ़ बनाऊँगा

जो आपने हर सुबह ओढ़ी थी।

मैं उन मूल्यों को
हर फैसले में ज़िंदा रखूँगा
जो आपने बिना कहे सिखा दिए।

मैं अपने बच्चों को
वैसा ही संरक्षण दूँगा
जैसा आपने दिया,
बिना किसी शर्त, बिना किसी अपेक्षा।

मैं अपने हर कर्म में
आपकी परछाईं बनकर चलूँगा,
और जब कभी लड़खड़ाऊँगा,
तो आपकी याद से फिर संभल जाऊँगा।

आपने जो अधूरे सपने
दीवार की कीलों पर टाँग दिए थे –
मैं उन्हें अब पूरा करने की ज़िम्मेदारी उठाता हूँ।

मैं वादा करता हूँ –
कि एक दिन
जब मेरी संतान मुझसे पूछेगी –
"पिता कौन होता है?"
तो मैं मुस्कराकर कहूँगा –
"जैसे मेरे पापा थे..."

www.ingramcontent.com/pod-product-compliance
Lightning Source LLC
LaVergne TN
LVHW010103061026
849532LV00008BA/2943
9798900813691